K⁹ 143

CONSIDÉRATIONS
POLITIQUES
SUR LES ESCLAVES

DES COLONIES FRANÇOISES DE L'AMÉRIQUE,

EL SUR LEURS GENS DE COULEUR LIBRES.

CONSIDÉRATIONS POLITIQUES

SUR LES ESCLAVES

DES COLONIES FRANÇOISES DE L'AMÉRIQUE,

ET SUR LEURS GENS DE COULEUR LIBRES,

PRÉSENTÉES d'après les résolutions unanimes de tous leurs Habitans.

Le mieux est ennemi du bien.

Sous le nom d'*amis des Noirs*, il s'est formé dans Paris une Société qui ne cesse de prêcher ouvertement, publiquement, l'affranchissement de nos Negres : de nouveaux pamphlets répandus avec profusion, ne peuvent nous laisser de doute sur la persévérance dans son projet (1).

---

(1) Je suis l'ennemi déclaré de la traite des Noirs, & de leur esclavage.... J'ai fait serment d'en poursuivre la destruction, jusqu'à ce que la Loi l'ait prononcée. *Réplique de J.-P. Brissot à Louis-Marthe Goui,* &c.

A ij

Nous ne pouvons que louer dans son principe cet enthousiasme pour le bonheur du genre humain ; & si cette Société se bornoit à faire des vœux pour qu'il n'y eût plus d'esclavage dans nos Colonies, nous serions avec elle parfaitement d'accord : nous désirerions de toute notre ame qu'il n'y fût pas indispensablement nécessaire. Mais son zele va jusqu'à prétendre qu'il faut que la liberté soit donnée par le Gouvernement à tous nos esclaves actuels, & c'est cette idée que je me suis proposé de combattre, en publiant quelques observations sommaires, puisées dans les sentimens unanimes de tous les Colons de l'Amérique.

Amis des Noirs, si vous êtes aussi les amis des Blancs, les amis de votre Patrie, daignez m'écouter ; c'est à vos cœurs que je vais parler : je n'emploierai contre vous que la seule exposition des malheurs qui seroient les suites, je ne dis pas de cet affranchissement, il est impraticable, mais de la seule tentative de le mettre en exécution.

A Saint-Domingue, par exemple, supposons affranchis les 500 mille esclaves que possede cette Colonie ; que vont-ils devenir ? Nous ne leur devons plus rien ; nous ne sommes plus tenus de pourvoir à leurs besoins. Les voilà sans asile,

(5)

fans fubfiftance ; quel parti vont-ils prendre ?
Celui , direz-vous , de fe procurer l'un & l'autre ,
en fe louant aux Colons, comme font en France
nos Journaliers. O ! combien vous êtes dans
l'erreur !

Confidérez la nature du pays habité par ces
nouveaux affranchis : là , les travaux ne peuvent
être que durs & pénibles ; là , les hommes , fur-
tout ceux de cette efpece , peuvent fe paffer de
tout vêtement ; là , un terrein peu confidérable , & par femaine quelques heures d'une cul-
ture très-légere , peuvent fournir largement à
eux & à leur famille des fubfiftances dont ils
s'accommodent parfaitement.

Et vous voudriez que ces êtres apathiques ,
bornés par l'habitude aux feules jouiffances des
fens , ne cherchaffent pas leur bonheur dans le
repos auquel un tel climat invite fi puiffamment !
Croyez plutôt ce qu'il eft naturel de croire ;
croyez qu'ils prendront nos travaux en averfion ;
que s'il leur arrive de s'y livrer un jour , ils s'y
refuferont le lendemain : il eft dans l'homme de
ne fe foumettre au travail que quand il ne peut
s'en difpenfer (1).

____

(1) Montefquieu dit , & avec raifon , que la pareffe
eft naturelle aux Peuples du Midi , & cela parce que la

Vous êtes égarés par le coup d'œil de ce qui se passe habituellement en France. Tous les ans un peuple de Journaliers s'offre aux travaux de vos campagnes, s'empresse à faire vos moissons. En cela deux puissans motifs le font agir; non seulement les salaires qu'il reçoit sont essentiels à son existence; mais en outre il sait parfaitement que si ces moissons n'étoient pas faites, il lui seroit impossible de subsister : il aime donc mieux vivre en travaillant, que de périr de misere en ne travaillant pas.

Dans nos Colonies où nous supposons les esclaves devenus libres, c'est tout autre chose : je vous le répete, pour pouvoir subvenir à ses besoins, il suffit à chacun d'eux d'un très-petit morceau de terre, qui n'exige de lui presque aucun travail. Les grandes & riches productions de la Colonie viennent-elles à périr faute d'Ouvriers, que lui importe ? Les contre-coups de cette perte ne peuvent jamais retomber sur lui.

Nature leur donne peu de besoins, & y pourvoit presque d'elle-même. *Ce qui a*, chez eux, *naturalisé la servitude*, c'est que pouvant *aisément se passer de richesses, ils peuvent encore mieux se passer de liberté......* *Presque tous les Peuples du Midi sont*, en quelque façon, *dans un état violent*, *s'ils ne sont esclaves.* Esp. des Loix. L. 21. ch. 3.

Sa pareſſe & ſon inſouciance ne pourroient donc être vaincues que par des ſalaires exorbi-tans , reſſource doublement funeſte : outre que les produits de nos Habitations ſeroient alors entiérement abſorbés par l'énormité des frais , on verroit encore , en raiſon du renchériſſement de la main-d'œuvre , augmenter , dans ces affran-chis , leur indépendance du travail , & l'amour de la diſſipation : plus nous nous ruinerions pour les fixer , & moins nous y parviendrions.

A quoi nous conduiroit promptement cette révolution ? Il eſt aiſé de l'appercevoir ; à la ceſſation totale de nos grandes cultures. Dès ce moment , plus de ſalaires à gagner pour les nou-veaux affranchis ; je vois chacun d'eux dans l'obli-gation de cultiver quelque portion de terre , pour ſe procurer des ſubſiſtances : & où les prendront-ils , ces portions ? Ce ne peut être que ſur nos poſſeſſions ; preſſés par le beſoin , ils ne balan-ceront point à s'en faiſir & à les partager. Nous ferions même alors ſans intérêts , comme ſans moyens , pour nous y oppoſer ; ſans intérêts , parce qu'il nous ſeroit devenu impoſſible de retirer de nos domaines aucun produit ; ſans moyens , parce que n'ayant plus rien qui nous attachât à leur conſervation , nous ne ferions plus portés à nous réunir pour les défendre.

A iv

Reconnoiffez donc qu'affranchir nos efclaves, ce feroit, d'abord, nous réduire à l'impuiffance de cultiver ; enfuite mettre ces mêmes efclaves dans la néceffité de s'emparer de nos Habitations, & nous dans la néceffité de les leur abandonner : voilà comme en nous dépouillant de nos propriétés mobilieres, vous nous dépouilleriez encore néceffairement de nos propriétés foncieres.

Vous êtes étonnés, fans doute, de cet étrange contre-coup ; cependant on doit d'autant plus y compter, que nos productions exigent une manipulation confidérable & méthodique, qui ne peut être exécutée que par des Ouvriers bien inftruits, bien formés ; manipulation qui demande des bâtimens confidérables & des uftenfiles difpendieux, qu'il nous feroit impoffible d'entretenir ; manipulation dont les travaux fucceffifs & coordonnés les uns aux autres, ont entre eux & avec ceux de nos cultures, une telle liaifon, que fi l'un d'eux venoit à manquer, tous les autres fe trouveroient enrayés, ce qui entraîneroit la perte entiere du revenu.

Oui, il eft de toute néceffité que le Colon foit affuré de fes coopérateurs ; de toute néceffité qu'ils ne puiffent lui être débauchés ; qu'ils ne puiffent non plus lui faire arbitrairement la loi, le mettre arbitrairement à contribution ; il faut,

en deux mots, qu'il ne soit point exposé à voir
ses travaux suspendus, ou faute d'Ouvriers con-
venables, ou faute de moyens pour les payer.
Et comme il lui seroit impossible de trouver de
telles sûretés avec des hommes libres, *sans l'esclavage des Noirs, point de grandes cultures, &
sans grandes cultures, point de Colonies :* ce sont
des vérités de toute évidence.

En effet, après la destruction totale de nos manufactures, la conversion de nos grandes cultures en
misérables cultures à vivres pour le pays, l'abandon
indispensable de nos terres réduites à n'avoir plus
aucune valeur, comment nos Colonies actuelles se
trouveroient-elles encore être nos Colonies, être
des Colonies Françoises? Ne nous feroient-elles
pas, au contraire, devenues absolument étran-
geres, puisqu'elles ne seroient plus habitées par
des François, & que, n'ayant aucune marchan-
dises d'échange à nous offrir, nous n'aurions avec
elles aucune relation de Commerce?

Ainsi, se proposer l'affranchissement de nos
esclaves, c'est se proposer de renoncer absolument à nos Colonies; car assurément on a la
volonté de renoncer à une possession, quand on
a la volonté de la détruire sans retour.

Je ne vous répéterai point ici ce qui vous a
été dit & redit; que d'une telle renonciation il

A v

s'enfuivroit, & très-promptement, la chute de votre Commerce, la ruine de vos villes maritimes, la deftruction de votre Marine Militaire; je ne vous répéterai point que vous réduiriez à la mifere la plus affreufe, des millions de François occupés & alimentés par le Commerce des Colonies ; que, faifant perdre à vos marchandifes nationales un débit annuel montant au deffus de 120 millions, un multitude de vos cultivateurs gémiroit dans une détreffe cruelle, à côté de leurs productions invendues; que la furabondance de ces productions faifant baiffer leur prix dans le Commerce, &, par contre-coup, tenant vos cultures en langueur, on verroit de jour en jour votre richeffe territoriale décroître, la maffe des falaires diminuer dans le Royaume, les Arts & les talens s'éloigner de vous à grands pas, votre population s'éteindre progreffivement, votre puiffance politique s'anéantir de toutes manieres.

Mais à ces vérités fi connues de tout le monde, j'ajouterai que les autres Puiffances maritimes, & principalement l'Angleterre, fauroient très-bien s'accommoder de ces précieufes Colonies auxquelles vous auriez renoncé ; que fi jamais elles s'uniffoient à la Nation Angloife, celle-ci deviendroit tellement maîtreffe de la mer, qu'il n'y auroit plus pour vous de navigation ; qu'elle parviendroit fans peine à vous rendre la pêche impraticable, même fur vos propres côtes ; tranchons le mot, à fermer vos ports, à s'attribuer excluſivement la prérogative d'y venir fixer le prix qu'elle voudroit bien vous donner de vos productions ; que par cette voie elle leveroit fur vous arbitrairement l'impôt qu'il lui plairoit ; qu'ainſi, pour avoir voulu éloigner de vous l'eſclavage de quelques Africains, votre Nation ſe verroit tombée dans un véritable eſclavage politique : O ! France ! ô ! ma Patrie ! après t'avoir vue ſi long-temps faire les délices & l'admiration de l'Europe, qui pourroit alors te reconnoître dans cet état d'aviliſſement ? hélas ! tu ne ſerois plus (1).

Mais faute d'avoir apperçu que la ceſſation de l'eſclavage dans nos poſſeſſions d'Amérique anéantiroit chez elles toute eſpece de grandes cultures, peut-être avez vous penſé que, ſans

---

(1). Cette chaîne de contre - coups inévitables a été ſaiſie par tant de gens, qu'on a généralement répandu dans le public, que les apôtres de l'affranchiſſement de nos Noirs étoient payés par l'Angleterre. Je proteſte que je ſuis très - éloigné d'un tel ſoupçon : je ne rapporte ici ce fait, que pour juſtifier de plus en plus la juſteſſe de mes obſervations.

renoncer à vos Colonies, vous pourriez faire or-
donner l'affranchissement de leurs esclaves : si
c'est là votre projet, comme je dois le suppo-
ser, je n'ai besoin que de quelques observations,
pour vous démontrer les vices de sa combi-
naison.

Vous êtes & devez être bien assurés qu'une
Loi qui, sans respect pour nos propriétés, pro-
nonceroit l'affranchissement de nos esclaves, nous
trouveroit bien déterminés à ne point la reconnoître & l'exécuter ; il seroit superflu de vous
en faire ici la déclaration. Il a donc dû entrer
dans votre plan que la force seroit employée pour
assurer l'exécution de cette Loi ; mais en cela
je vois une premiere contradiction.

Puisqu'une Loi qui ordonneroit l'anéantissement
des Colonies, seroit une déclaration formelle
que vous renoncez à leur possession, que vous
entendez vous en séparer pour toujours, dès le
moment que cette Loi seroit décrétée, la scission
se trouveroit faite, & les Colonies, retranchées
par vous-mêmes de votre Corps politique, ne
seroient plus pour la France que des pays étran-
gers.

De quel droit alors prétendriez-vous les contraindre à l'affranchissement de leurs esclaves ?

Imagineriez-vous qu'une supériorité de forces
seroit pour vous un titre légitime ? Je ne vous
ferai point l'injure de vous prêter cette morale
inique ; j'aime mieux croire que vous reconnoî-
trez avec moi, qu'une telle entreprise contre des
Colonies devenues indépendantes, & maîtresses
absolues de se gouverner elles-mêmes, ne seroit
pas moins injuste que contre les autres Nations qui
jugent à propos d'avoir aussi chez elles des esclaves.

Et quelles seroient les forces que vous vous
proposeriez d'employer pour parvenir à votre
but ? Dans cet examen nous allons découvrir
d'autres contradictions. Ces forces ne peuvent
être que de deux sortes, celle de nos esclaves
mêmes, & celle de la France : voyons d'abord
ce que vous pourriez attendre de la premiere.

Il est moralement impossible de porter à une
insurrection générale & combinée, une multitude d'hommes épars, sans armes, sans génie,
sans talens militaires, timides par caractere & par
état, accoutumés au joug qu'ils portent, & qui ne
songent aucunement à s'en plaindre. Il seroit même
dangereux d'entreprendre, soit par des discours,
soit par des écrits, de semer parmi eux un esprit
de révolte. Les agens de cette tentative ne pourroient échapper à la vigilance du grand nombre
d'habitans, intéressés à les découvrir & à se saisir

de leurs perſonnes. Alors ils ſeroient traités ſui-
vant toute la rigueur des Loix de la guerre,
car l'état des Colons avec les prôneurs d'une
telle inſurrection eſt un véritable état de guerre.

En tout cas, nos Colons ont la noble con-
fiance de penſer que leur réunion formeroit une
maſſe de forces à laquelle leurs eſclaves ne
pourroient réſiſter. Non, non, l'humanité ne
peut approuver, & la raiſon ne peut conſeiller
une entrepriſe qui néceſſairement n'aboutiroit qu'à
faire égorger pluſieurs milliers de victimes, tandis
que, pour éviter le même ſort, les autres ſe hâte-
roient de rentrer dans le devoir.

Venons aux forces de la France, & ſuppoſons
qu'il ſoit dans vos intentions de les mettre en
activité contre nous : vous lui diriez donc :
» Pour le bien de l'humanité, armons-nous
» & courons nous baigner dans le ſang de nos
» freres, incendier leurs poſſeſſions, les anéantir
» par la flamme & le fer ; attendons-nous cepen-
» dant à la défenſe la plus vigoureuſe de leur part ;
» attendons-nous à trouver en eux ce courage qui
» leur eſt naturel, & qui ne peut manquer d'être
» encore exalté par la néceſſité manifeſte de vaincre
» ou de périr ; qu'ils ſeront ſecourus par tous ceux
» qui ont intérêt à ne pas laiſſer ſe conſommer la
» révolution que nous projetons ; mais n'importe ;

» à quelque prix que ce foit, il faut les immoler tous
» fur l'autel de l'Humanité ; & pour y parvenir,
» ne craignons point de joindre à ce vertueux
» facrifice, celui de nos fortunes & de nos vies «.

Et vous êtes bien fûrs que la plus loyale des Nations n'auroit point horreur de ces forfaits, qu'en les couvrant du beau nom d'humanité, vous parviendriez à lui en déguifer l'injuftice & l'atrocité révoltante. Vous êtes bien fûrs que nos villes maritimes fe réuniroient à votre voix, pour aller ruiner leurs débiteurs, arracher jufqu'au germe des richeffes qu'elles partagent avec nos Colons, & qui font la fûreté des créances immenfes qu'elles ont fur eux.

Quoi qu'il en foit, quelle que fût la force qui feroit fufcitée contre nous, toujours eft-il vrai que vos apôtres de l'humanité viendroient nous prêcher cette vertu la torche & le poignard à la main. Si Néron incendia Rome, ce fut du moins pour contraindre à la mieux rebâtir ; mais dans votre plan, il s'agiroit de détruire des Colonies brillantes, pour ne jamais les rétablir.

Hé bien ! direz-vous, nous obtiendrons du moins qu'on interdife en France la traite des Noirs ; & par quelle raifon ? Puifqu'ils font abfolument néceffaires à nos exploitations, leur traite ne le devient-elle pas également? Si vous regardez cette prohibition comme un moyen de parvenir à l'abolition de l'esclavage dans nos Colonies, vous vous trompez : nous uferons d'une reffource qui ne peut nous manquer, celle de nous procurer, par l'entremife des autres Nations, les inftrumens indifpenfables de nos cultures, comme nous nous procurons déjà, par la même voie, diverfes marchandifes effentielles à nos manufactures, & que la Métropole ne peut nous fournir : ainfi, vous enleveriez à la Nation, en pure perte & fans utilité pour votre projet, une branche de commerce très-importante.

Et ne doutez pas que nous ne fuffions alors dans l'abfolue. néceffité de traiter avec quelque Nation Etrangere, pour une fourniture annuelle de Noirs. Le déchet que leur population éprouve chaque année, malgré nos foins & nos dépenfes, pour leur confervation & leur multiplication, ne pourroit jamais être remplacé par des Européens; cela feroit phyfiquement impoffible : d'après la maniere dont ces derniers font conftamment dévorés par le climat brûlant de l'Amérique, il eft certain, indubitablement certain, que de tous ceux qui s'y rendroient pour s'employer à nos cultures, il n'en refteroit pas un feul au bout d'un très-petit nombre d'années. Interdire la traite dans la vûe d'une telle tranſmigration, ce ſeroit donc ſe propoſer d'ouvrir un gouffre, dans lequel il faudroit qu'une multitude immenſe de François fût journellement ſe précipiter. Une telle idée ne ſeroit pas moins contraire à la politique qu'à l'humanité (1).

Je ne dirai qu'un mot de la prétendue égalité civile qu'on voudroit établir entre nous & nos affranchis. Dans nos Colonies, où l'eſclavage des Noirs ſe trouve autoriſé par des Loix ſolemnelles & multipliées, cimenté par une poſſeſſion publique depuis plus de deux ſiecles, l'affranchiſſement eſt un véritable don, & tout donateur eſt le maître d'attacher à ſa libéralité les conditions qu'il lui plaît, ſauf au donataire à ne pas les accepter, ſi elles lui paroiſſent onéreuſes. En eſt-il de cette eſpece pour les affranchis ? Non ; nous reconnoiſſons qu'ils doivent vivre comme nous ſous la Loi de la propriété ; jouir comme nous de la

____

(1) Une telle tranſmigration ne peut convenir qu'aux Africains, dont le climat differe peu du climat de nos Colonies, & qui y trouvent en abondance les vivres dont ils ſe nourriſſent dans leur pays. Malgré cela cependant, cette tranſmigration en fait périr quelques-uns ; mais cela ne reſſemble aucunement à la conſommation énorme qu'elle feroit des Européens.

liberté & de la sûreté essentielles au droit de propriété ; qu'à cet égard il doit régner entre eux & nous une parfaite égalité. Il est donc dans notre intention qu'elle leur soit garantie par nos Loix, comme un avantage bien propre à les satisfaire entiérement, & à nous les attacher.

Quant aux autres prérogatives civiles, on doit s'attendre que nos Assemblées Coloniales proposeront pour eux tout ce qui n'aura nulle influence dangereuse sur l'esprit de soumission que nous devons entretenir parmi nos esclaves. C'est donc bien mal à propos qu'on essaie de déchirer le contrat civil de l'affranchissement ; qu'on cherche à soulever ces affranchis, à les armer pour soutenir aujourd'hui des prétentions dont ils ont toujours été très-éloignés, & dont ils le seroient encore si elles ne leur étoient suggerées.

Maîtres de nos esclaves, nous avons eu le droit de faire ce contrat civil tel qu'il a été fait, puisque nous avions celui de ne pas consentir l'affranchissement : maintenir ce contrat, c'est un second droit que nous avons pareillement ; il dérive nécessairement du premier. Ce n'est donc qu'à nous seuls qu'il doit appartenir d'étendre les prérogatives des affranchis : aussi, nous le déclarons très-positivement, nous sommes résolus de ne rien accorder à la force, mais tout à la justice & à la raison.

Il est bien étonnant qu'un tel droit soit encore attaqué, après avoir été si formellement reconnu, si authentiquement consacré par l'Assemblée Nationale, dans le préambule de son Décret du 12 Octobre dernier. Rien de tout cela, nous dit-on, n'est dans le dispositif de ce Décret, & jamais le préambule d'une Loi ne fit partie intégrante de la Loi. Mais pourquoi ce silence dans son dispositif ? C'est que l'Assemblée ne se proposoit point d'établir en notre faveur un droit nouveau : convaincue que celui dont nous jouissons à cet égard, tient à la *Constitution* des Colonies, elle a cru qu'il suffisoit de le reconnoître d'une maniere non équivoque ; & c'est ce qu'elle a fait, en rendant publiquement à *cette Constitution* un hommage, qui aux yeux des hommes impartiaux, doit paroître un titre encore plus respectable, plus imposant que les dispositions d'une nouvelle Li.

Malgré cela, nous voyons qu'il vous en faut absolument une, pour faire cesser la guerre que vous continuez de faire aux Colonies, & qui continueroit aussi de les troubler : hé bien ! nous la demanderons, cette Loi, à notre Corps légis-

latif, & nous devons croire que nos villes maritimes se réuniront à nous pour l'obtenir : oui,
nous la demanderons, & cette auguste Assemblée
ne refusera pas ce qu'elle a solemnellement
promis, ce qu'elle doit à l'intérêt général de la
Nation.

F I N.

A Paris, de l'Imprimerie de Moutard, rue
des Mathurins, Hôtel de Cluni. 1791.